AF226998

COUP-D'OEIL

SUR

LES COLONIES,

ET EN PARTICULIER

SUR CELLE D'ALGER.

COUP-D'ŒIL

SUR

LES COLONIES,

ET EN PARTICULIER

SUR CELLE D'ALGER.

» Talleyrand disait, en parlant des Anglais, à Napoléon:
» *Faites qu'ils perdent leurs colonies et vous les aurez*
» *forcés dans leurs derniers retranchemens.* »

(REVUE BRITANNIQUE, t. XXIV, page 110.)

PARIS.

DELAUNAY ET WILBERT, LIBRAIRES,

AU PALAIS-ROYAL.

1833.

COUP-D'OEIL
SUR LES COLONIES,

ET EN PARTICULIER

Sur celle d'Alger.

CHAPITRE I.

DE L'ESCLAVAGE.

Dans les pays chauds, tels que l'Asie, l'Afrique et une grande partie de l'Amérique, l'homme accablé par l'ardeur du climat, ne travaille que précisément autant qu'il le faut pour assurer sa subsistance. Ces contrées n'offriront donc jamais, comme elles le faisaient autrefois, une population nombreuse, une agriculture brillante, une grande accumulation de richesse, à moins que le travail n'y soit forcé, c'est-à-dire, exécuté par des esclaves. L'esclavage est le seul moyen d'exploiter ces terres, les plus fertiles du globe. Sans cet utile secours, leurs habitans s'abandonnent à la paresse et coulent dans l'oisiveté tout le temps qu'ils peuvent dérober au travail.

Les esclaves, chez les anciens, étaient des prisonniers de guerre que l'on contraignait à cultiver les champs. C'est à l'aide de leurs bras qu'on
se procurait le surcroît de subsistance nécessaire
pour acheter les superfluités et les plaisirs du
luxe. Dans les climats chauds, où l'on jouit encore de l'égalité native, comme le travail est
une extrême fatigue, le luxe le plus doux est l'oisiveté. Dans les climats septentrionaux, au contraire, le repos est un tourment; le travail un
exercice facile et salutaire. Dans les pays chauds,
l'esclavage est l'enseigne de la civilisation. Dans
les pays froids, c'est le signe de la barbarie (1).
Ces réflexions expliquent comment la guerre,
occupation des peuples naissans, a contribué aux
progrès de l'agriculture et des arts, qui, à leur
tour, par le goût qu'ils inspiraient, ont servi
puissamment les intérêts de l'humanité. En effet,
dans les temps primitifs, n'ayant aucune occupation à donner aux captifs, on était réduit à les
égorger pour n'avoir pas l'embarras de les nourrir et de les garder et surtout pour éviter, si on
les renvoyait, de les voir reparaître dans les
rangs ennemis. L'histoire, dont on essayerait

____

(1) Il ne faut pas confondre l'esclavage avec le gouvernement despotique. Pour que l'exploitation du sol dans les climats chauds présente les plus grands avantages, il faut que
l'esclavage s'allie à un gouvernement libre, ou du moins à un
gouvernement où la propriété soit scrupuleusement respectée.
C'est ce qui avait lieu dans les anciennes républiques et dans
es monarchie primitives de la Grèce.

vainement de récuser le témoignage, nous apprend que presque tous les peuples, dans le principe et notamment quand ils n'avaient point d'établissemens fixes, ont été réduits à se défaire de leurs prisonniers (1). De nos jours même, les nations les plus civilisées ont cédé trop souvent à cette funeste nécessité quand elles ont porté la guerre en Afrique, en Égypte, en Amérique, à Saint-Domingue, pour peu que les hostilités se soient prolongées. En Europe même, les com-

(1) « L'abolition de l'antropophagie, bienfait que l'humanité
» doit en Afrique aux progrès de l'islamisme, ayant fait doubler
» le nombre des prisonniers dont les princes ont à disposer,
» la cessation absolue de la traite que plusieurs nations euro-
» péennes ont proclamées, fera peut-être revivre sur la côte
» les horribles massacres et les sacrifices humains qui règnent
» encore dans l'intérieur. Nos relations avec les côtes d'Afrique
» se sont long-temps bornées à ce trafic d'hommes que la phi-
» sophie et la religion réprouvent en principe, mais que, dans
» le cas particulier des Africains, beaucoup de circonstances
» rendaient moins horribles. » (MALTE-BRUN, *Précis de Géographie universelle*, tome IV, pages 439 et 440.)

La vente des prisonniers est une conséquence forcée de la guerre chaque fois qu'on n'est pas à portée de les garder aisément. Quand la traite est exercée sur des peuples dont on diffère de mœurs, de climat et de couleur, et surtout quand on fait voyager par mer les captifs à de grandes distances, elle prend un caractère de cruauté qui doit en faire désirer l'interdiction. Mais plus on se montre zélé pour la suppression de ce trafic, plus il faut soigneusement maintenir l'esclavage là où l'on a permis qu'il s'établit. Car c'est sur cette base que reposent la civilisation et l'agriculture coloniales, et à cette civilisation sont attachées l'existence et la fortune d'une portion très-intéressante de la race blanche.

bats de la Vendée et la conquête de l'Espagne, sous Napoléon, présentent de sanglans épisodes qui rappellent ce que les annales de la barbarie ont de plus cruel. Le droit de la guerre heureusement, sous ce rapport, tombé en désuétude, ne permet-il pas encore de passer au fil de l'épée la garnison d'une place prise d'assaut? Nous citons ces faits en les déplorant, mais il est impossible de ne pas en tenir compte. A mesure que les états se sont agrandis, à mesure que la police s'est perfectionnée, que les mœurs moins discordantes de nation à nation ont établi des relations moins hostiles, à mesure que l'agriculture a pris plus de développement, il a été plus facile de garder les prisonniers sans inconvénient et même de tirer de leurs travaux un grand avantage.

Le *Journal des Débats* du 23 avril ne craint pas d'affirmer que, selon la direction que prennent les choses, il vaudrait mieux dire selon celle que nous leur donnons, en effaçant toute distinction de classes et détruisant tous les privilèges qui jusqu'ici avaient été le partage exclusif des blancs, *il est très-probable que l'avenir des colonies appartient aux hommes de couleur.* Il aurait pu ajouter à la classe noire, car quand on descend une échelle, il n'y a pas de raison pour demeurer suspendu au dernier échelon et pour ne pas continuer à céder aux lois de la gravité jusqu'à ce qu'on soit parvenu au plus bas degré. Qu'arrivera-t-il alors, c'est que ces pays en acquérant la liberté tomberont dans l'état inculte et presque désert où languit maintenant Saint-Domingue. Heureux encore s'ils y arrivent par la pente d'une décadence insensible et non par la voie des massacres, des incendies et des proscriptions qui manquent rarement de signaler le passage de la domination d'une caste à l'autre. Nous demanderons au rédacteur du *Journal des Débats*, s'il préfère la civilisation actuelle d'Haïti et celle du Mexique ou de Para à l'état prospère où étaient ces pays quand la France ou l'Espagne y régnaient et dont la Guadeloupe et la Martinique offrent une assez fidèle image (1). Dira-t-on qu'il y ait progrès dans la condition de ces anciennes colonies qui

(1) A Para, les hommes de couleur, renouvelant les Vêpres siciliennes, ont égorgé tous les Portugais créoles, sauf un très-petit nombre qui, protégés par les consuls des diverses nations, sont parvenus à s'échapper. (*Journal des Débats* du 3 juillet.)

On se souvient qu'il y a quelques années les Espagnols ont été également proscrits du Mexique. Ces leçons devraient rendre la race blanche plus circonspecte dans ses prédications d'égalité qui ne fructifient pas même dans les cœurs de ceux en faveur de qui elles sont faites. Faut-il le dire, les hommes de couleur en revendiquant la suprématie politique chaque fois qu'ils se sentent les plus forts, obéissent à une loi générale en vertu de laquelle deux espèces de population différentes de mœurs, de race et de couleur ne peuvent cohabiter sur le même sol, sans que l'une opprime l'autre et ne l'exploite à son profit, à moins qu'un pouvoir venu du dehors ne les tienne toutes deux sous le joug et ne les contraigne à demeurer en paix et à travailler pour lui. Dans le premier cas, on a des colonies du genre de celles des Antilles ; dans le second cas, des colonies pareilles à celles d'Alger.

ne peuvent vivre tranquilles qu'en végétant et remontant vers l'état sauvage ? car, dès qu'elles veulent se policer, dès qu'il est question d'établir un gouvernement régulier pour protéger la propriété, pour exciter au travail et favoriser l'agriculture, des débats interminables s'élèvent parmi les habitans à raison de la diversité des nuances; ils ne parviennent jamais à se concilier et cherchent toujours à s'opprimer les uns les autres pour savoir à qui restera le fardeau du travail et qui jouira du bénéfice d'exercer le gouvernement. Or, une fois la race blanche écartée ou éteinte, cette prédominance salutaire qui mettait fin à des débats envenimés est à-peu-près impossible à faire accepter dans les pays où les forces des partis se balancent et où les vaincus ont devant eux, pour aller se rallier des espaces de pays immenses ou des mornes presque inaccessibles.

CHAPITRE II.

DE L'ÉTAT PRÉSENT D'ALGER.

Les considérations qui précèdent serviront d'introduction à ce que nous avons à dire relativement à la situation d'Alger et à l'avenir qui attend cette nouvelle conquête. Parlons d'abord de l'état présent d'Alger. A ce sujet, nous ne

pouvons mieux faire que de réunir ici les ren-
seignemens que nous offre le *Moniteur* (1).

« L'Angleterre n'entretient dans l'Inde que
» 17,000 hommes. On y régit neuf millions d'in-
» digènes et on retire du pays des produits im-
» menses. A Alger, nous entretenons vingt-cinq
» milles hommes, nous n'avons pas pu y gouver-
» ner deux millions d'indigènes. De l'aveu de
» M. de Rigny (2), la dépense annuelle, y com-
» pris la dépense du pied de paix de l'armée
» d'occupation est de dix-huit millions. Les
» recettes s'élèvent à un million et demi. Déficit
» seize millions et demi.

» M. le maréchal Clauzel peut dire qu'il a
» trouvé un pays riche et cultivé, couvert d'arbres
» de toutes espèces et qu'au milieu de belles
» maisons de campagne, au milieu de villages et
» de villes habités par des tribus tranquilles et
» amies des Français, on n'avait à craindre que
» les incursions des Arabes.

» Aujourd'hui les deux millions d'individus
» cultivateurs qui formaient le noyau de la co-
» lonie ont en grande partie disparu. Les terres
» sont abandonnées et incultes. Il n'existe plus
» un arbre à trois lieues autour d'Alger. L'inten-
» dant civil, de retour d'Afrique, déclare qu'à

_____

(1) Voyez au *Moniteur* du 5 avril 1833, séance de la Chambre
des Députés, le discours de M. Gaëtan de Larochefoucauld et
celui de M. de Rigny, ministre de la marine.

(2) *Moniteur* du 5 avril.

» Oran seul on a brûlé trois cent mille solives.
» La ville d'Alger contenait à notre arrivée
» soixante mille habitans. Il en reste vingt-un
» mille.

» La Régence exportait des grains en grande
» quantité. Elle n'en produit plus assez pour se
» nourrir elle-même. Il en est de même au sujet
» des laines. En 1822, on en a exporté, sous le
» régime des Turcs, vingt mille quintaux. En
» 1832, sous la domination française, on n'en a
» trouvé que trente-six quintaux en totalité,
» lorsqu'on a voulu fournir des matelas à nos
» soldats, et, après avoir frappé une contribu-
» tion extraordinaire, on a été forcé d'en aller
» chercher en France.

» On a voulu asseoir des impôts sur les pro-
» priétés des Maures et des Arabes. Les indigènes
» sont partis, le pays est désert.

» Les municipalités avaient proposé de répar-
» tir proportionnellement sur tous les habitans
» la contribution que le gouvernement ou le
» général en chef avait ordonné d'exiger. On re-
» jeta ce projet et on n'imposa que ceux que
» l'on supposa les plus riches. On reçut des
» bijoux de ceux qui n'avaient pas d'argent; on
» s'empara de la caisse des curatelles contenant
» les deniers déposés pour les veuves et les or-
» phelins. On fit signer à ceux qui ne pouvaient
» pas payer des engagemens personnels. Les
» rabbins, entre autres, signèrent des effets pour

» 26,000 francs en donnant pour garantie jus-
» qu'aux ornemens de la synagogue, et, parce
» qu'ils ne purent pas les acquitter, on conduisit
» en prison trente Israélites. Enfin, lorsque le
» *Moniteur* apporta l'ordre de rendre la contri-
» bution que le général refusa de retirer, cette
» incertitude dura cinq mois, et les récépissés
» alors se négocièrent et furent rachetés des con-
» tribuables par des hommes habiles à ce genre
» de commerce à 40 pour cent de perte.

» L'intendant-civil a rendu compte des dévas-
» tations qui ont eu lieu par le seul fait de l'oc-
» cupation. On jugera par ces details s'il est
» possible de coloniser tant que le systême actuel
» subsistera. A Alger, les démolitions des maisons
» prises pour les élargissemens des rues et places
» sont nombreuses et on ne donne point d'in-
» demnités. Dans la campagne, les détachemens
» de nos troupes dévastent tout. On enlève les
» bois, les fers, les cuivres, et les maisons tombent
» sous les premières pluies. C'est un spectacle
» affligeant, ajoute-il, que présentent ces mon-
» ceaux de décombres occupant la place d'habi-
» tations qui naguères étaient riches et belles.
» Des hameaux entiers ne sont plus que des
» ruines. »

M. Mauguin (1) a sagement fait observer que le
seul moyen de coloniser un pays, c'est d'en res-

(1) *Moniteur* du 5 avril.

pecter les mœurs, les habitudes et la religion. Or c'est ce que nous n'avons jamais su faire. Les Romains établissaient ou maintenaient partout le régime municipal, gardant seulement pour eux la haute domination. C'est à peu près ainsi que font les Anglais dans l'Inde.

Quant à nous, nous voulons non-seulement gouverner les pays conquis, mais nous avons la pretention de les administrer jusques dans les moindres détails. Aussi choquons-nous à tout instant leurs habitudes, leurs mœurs et leurs lois. Une administration si minutieuse, si capricieuse et si violente à la fois, exercée par nos propres agens, n'admet rien de gratuit, coûte des sommes immenses, ouvre un champ illimité aux déprédations. En effet, comment régir un pays dont on ignore la langue, qu'on assujétit à observer des réglemens rédigés en français, réglemens qu'ils ne comprendraient même pas, quand on les traduirait en turc? hélas! il faut bien l'avouer, nous opprimons par le sabre les pays conquis, comme nous opprimons par les lois non-seulement les propriétaires de nos colonies dont les plaintes et les souffrances ne trouvent chez nous aucun écho, mais même les propriétaires de France dont nous rendons la situation fâcheuse ou même intolérable. C'est ce qu'on a eu souvent l'occasion de remarquer relativement aux propriétaires de vignobles et à certaines classes de producteurs français. Partout où nous portons nos pas, on remarque le même principe revêtu seulement de livrées différentes. Nos hommes d'état se font une idée fixe de la civilisation, de la colonisation, de l'administration locale. Ils y rapportent tout de gré ou de force, en mêlant à leurs actes une fiscalité démesurée et une partialité extrême pour quelques intérêts privilégiés auxquels ils accordent une prééminence injuste.

Plus le climat est chaud, plus il faut respecter la propriété, la ménager sous le rapport des impôts, plus il faut tolérer dans le propriétaire tout ce qui peut lui rendre plus léger et moins pénible le fardeau du travail qu'il est toujours prêt à abandonner au moindre dégoût. Sous l'influence du despotisme ou de l'anarchie, c'est-à-dire, dès que les droits inhérens à la propriété cessent d'être respectés, les pays chauds se transforment en déserts avec une rapidité prodigieuse.

D'après le système que nous suivons, faut-il s'étonner si nos colonies, tant nouvelles qu'anciennes, dépérissent à vue d'œil, et si leur budget présente un excédent de dépenses qui, grossi par des erreurs d'évaluation, devient contre elles un texte de déclamations perpétuelles. On s'obtine à calculer ce que nous perdons à les avoir. On ne veut pas voir que nous perdrions en ne les ayant pas.

C'est une erreur trop répandue de croire que la possession d'un pays soit onéreuse quand les dépenses qu'il occasionne excèdent les recettes qu'il procure. C'est seulement la preuve d'une mauvaise administration. A ce compte, nous devrions renoncer à la France même où, depuis cinquante ans, les finances sont toujours en déficit. Quelque pauvre que soit un pays, tolérablement administré, en temps de paix, il doit couvrir ses dépenses. Il appartenait au siècle des lumières et des progrès de mettre en doute cette vérité qui, jusqu'à nos jours, n'avait été contestée par personne. Dès qu'un administrateur voit que les dépenses excèdent les recettes ordinaires, il doit en conclure que la marche qu'il suit est fausse ou ses instrumens infidèles, et s'empresser d'en changer. Il doit faire ce que ferait un mathémacien qui, à la suite d'un calcul, arriverait à un résultat absurde. Revenons maintenant à Alger.

CHAPITRE III.

DU PARTI QU'IL Y A A TIRER DE LA COLONIE D'ALGER.

Nous reconnaissons avec M. le ministre de la marine qu'il y a relativement à ce pays trois partis à prendre, entre lesquels il importe de se décider au plutôt.

Il faut ou abandonner Alger, ou le gouverner à l'instar des Turcs, ou y établir une colonie.

La première alternative est repoussée générale-
ment.

Nous nous prononçons hautement pour la se-
conde. Ce système n'engagerait pas le pays dans
une grande dépense, et, de l'aveu de M. de Rigny,
l'exécution en serait extrêmement facile, ce qui
dispense d'entrer à cet égard dans de longs détails. Il faudrait seulement entretenir une force
militaire suffisante pour mettre les points occupés
à l'abri des tentatives des tribus voisines, et garnir
en quelque sorte la côte d'établissemens à l'instar
de ceux qu'avaient les Turcs, c'est-à-dire, de
postes de douane, par lesquels tous les moyens
commerciaux seraient obligés de passer. La colonie, sagement administrée, pourrait alors nous
donner le revenu qu'en tiraient les Turcs, c'est-
à-dire, quatre à cinq millions par an.

M. le maréchal Clausel, dans la nouvelle brochure qu'il a publiée sur Alger (1), soutient que
ce parti serait le plus mauvais de tous, et afin de
le démontrer contre l'évidence du fait résultant
de la longue possession des Turcs, il produit un
état des exportations et des importations de la
Régence en 1826. Cet état nous apprend qu'en
cette année, à supposer que les données statisti-
ques fournies au général soient exactes, les importations ont excédé les exportations de plus de
trois millions. M. le maréchal aurait bien dû nous

____

(1) *Nouvelles observations sur la colonisation d'Alger.* Paris
18..

dire si tous les ans il en était de même, et, en admettant que cela fût, avec quoi les Turcs auraient payé l'excédent de la valeur des importations. Certainement ils n'ont pas fait venir de Constantinople l'argent nécessaire à cet effet. Mais comment concilier cette domination d'Alger si onéreuse à ceux qui l'exerçaient avec les 60 millions de numéraire trouvés dans la Casauba, à l'arrivée des Français, dont une partie, il est vrai, pouvait être attribuée à la piraterie.

Le troisième parti qui reste à examiner serait de coloniser le pays. Voici à se sujet les vues du maréchal Clausel. Il existe autour d'Alger, au-delà de l'enceinte du son territoire, une plaine que tout porte à croire très-fertile, la plaine de la Métidja. M. le maréchal, moyennant une dépense qu'on peut évaluer à quatre ou cinq millions, entendrait entourer cette plaine et le cours des deux rivières qui l'arrosent par une ligne de postes, de tours crénelées, de maisons retranchées enveloppant toute la plaine, en suivant le pied de l'Atlas. On y établirait des cultivateurs attirés de tous les pays du monde à qui l'on ferait des concessions de terres, à la condition de les entretenir en plein rapport et de payer une certaine redevance.

Ce système se comprend, dit M. de Rigny, il s'agirait seulement de savoir si avant de le mettre à exécution, il ne faudrait pas assainir complètement le terrain qu'on voudrait ainsi renfermer.

Mais si vous voulez l'assainir avant de le forti-
fier, chose qu'exigerait la santé et la conservation de vos troupes, ne serez-vous pas inquiétés,
interrompus dans vos ouvrages par les incursions
continuelles des tribus avec lesquelles vous n'êtes
pas en paix ?

Ce dilemme est embarrassant. M. le maréchal
Clausel, dans la brochure relatée ci-dessus, opte
pour s'occuper avant tout de l'écoulement des
eaux. Les ouvriers qui y procéderont auront
leurs fusils à côté d'eux. C'est un travail que trois
mille ouvriers, dit-il (page 20), peuvent faire
en dix jours en grande partie, et dont il évalue
les frais (p. 33) à deux cent mille francs. Mais
à supposer que ce travail fait sous le feu de l'en-
nemi soit susceptible d'être accompli avec autant
de promptitude, on n'en recueillera aucun fruit,
si on n'exécute pas immédiatement les travaux de
fortification et les lignes de poste que le général
propose d'établir au pied du petit Atlas, et dont
la dépense jointe à celle de l'assainissement de la
plaine serait, selon lui, non pas de quatre millions, comme on l'a évalué, mais seulement de
quatre cent dix-neuf mille francs (p. 33). Or,
pour conquérir sur les eaux la plaine de la Métidja, convient-il de se livrer, non pas à ce dé-
boursé insignifiant, mais aux chances d'un dé-
boursé plus considérable, car, à parler sans
détour, nous croyons qu'avec quatre cent mille
francs, somme qui, dans les Indes occidentales,

suffirait à peine à fonder une sucrerie, on ne ferait rien de durable dans une colonie où, pour ainsi dire, tout est à créer. Convient-il de se livrer à une entreprise de desséchement qui, avec quelque soin qu'elle soit conduite, occasionnera une forte mortalité parmi nos soldats ? En considération des grands avantages qu'on fait briller à nos yeux, nous nous déciderons pour l'affirmative, mais à une considération, c'est qu'au préalable on ait réussi à coloniser et à remettre en culture les alentours d'Alger, proprement dits, que M. le maréchal Clausel appelle le massif d'Alger. Nous insisterons avec d'autant plus de force là-dessus que M. le maréchal Clausel déclare adopter en partie cette idée et l'avoir toujours émise (p. 10). Ce massif exploité sous la domination turque contient cent soixante mille hectares, c'est-à-dire, deux fois plus de terrain que nos trois colonies de la Martinique, de la Guadeloupe et de Bourbon réunies, et soixante-dix mille hectares seulement en ne comprenant pas dans cette évaluation le massif du Sahell (p. 22). Parvenons d'abord à mettre en valeur ces terres tombées en friche depuis notre arrivée. Nous aviserons ensuite à étendre plus loin nos limites quand, sur cette échelle moins étendue, nous aurons vu réussir le plan de colonisation auquel nous jugerons à propos de nous arrêter. Notre opinion à ce sujet n'est que très-faiblement ébranlée par une circonstance très-favorable aux

projets de M. le maréchal Clauzel, et qui n'était pas encore parvenue à sa connaissance à l'époque où il écrivait. *Le Journal des Débats* du 7 juillet 1833 annonce « que le génie militaire a décou-
» vert, pendant la fauchaison des foins près
» d'Alger, les canaux construits par les Romains
» pour assainir la plaine de la Métidja, et qu'avec
» une dépense de 25,000 francs on les répare-
» rait très-facilement. » Persuadons-nous bien que plus nous étendrons le territoire que nous aurons à garder, plus nous multiplierons nos embarras administratifs, plus nous exciterons de haines parmi les peuplades indépendantes de l'Afrique, dont il faut éviter d'accroître sans utilité les mécontentemens nombreux. En effet, quand on fonde un établissement, l'expérience a démontré qu'il ne faut d'abord, pour en former les premiers rudimens, ni trop de monde, ni une étendue de pays trop vaste.

Les colonies à sucre, observe judicieusement M. de Rigny dans le discours que le mémoire du maréchal Clauzel est destiné à réfuter, ont pu être établies à certaines époques. Elles étaient des colonies à travail forcé. Aujourd'hui on ne peut faire que des colonies à travail libre.

M. de Rigny remarque à ce sujet que si les chances auxquelles se soumettraient les colons sont accrues de la crainte continuelle attachée aux variations ordinaires qu'éprouvent nos bud- gets, leur situation ne pourra être que fort précaire. En cela il a parfaitement raison. Il n'en est pas de même quand, après avoir donné cet utile avertissement aux Chambres, il dit que si l'on veut coloniser avec fruit pour la métropole, il ne faut pas que la colonie cultive des produits semblables à ceux qu'offre le sol de la France. N'en déplaise à M. de Rigny, en user ainsi, ce serait commettre une grande faute, renoncer aux exportations à l'étranger, contrarier le vœu de la nature pour obéir à certaines convenances et paralyser d'avance l'établissement qu'on veut former. Nous ne pouvons donc voir la pensée du Gouvernement dans cette objection échappée dans la rapidité de l'improvisation à M. le Ministre de la Marine, qui n'en a pas suffisamment mesuré la portée. En effet, ne sommes-nous pas tributaires de l'étranger pour une foule d'objets, l'huile, le blé, la laine, la soie, le tabac, les cuirs, moyennant certains droits restrictifs dont en tout état de cause nous désirerions le maintien? Or, ne vaudrait-il pas mieux demander ces articles à Alger qu'aux autres nations européennes?

Il est à regretter que l'inconvénient signalé par M. le Ministre de la Marine et tiré de la concurrence qu'aurait à redouter l'agriculture de la métropole, ne soit pas le seul obstacle à la colonisation d'Alger. Il en est un surtout, en entendant cette opération comme le fait le général Clauzel, qui, à nos yeux, décide la question, quoiqu'il ait été passé sous silence par M. de Rigny. C'est celui

que nous avons établi et développé au début de
cet écrit; savoir : Que les colonies à travail libre
sont impossibles dans les pays chauds et à plus
forte raison quand ce sont les peuples d'une lati-
tude plus froide qui essayent de les former. Pour
l'homme d'un climat tempéré, transporté dans
une région méridionale, le travail est non-seulement pénible au-delà de toute expression, mais
il use le corps, altère la santé et ne tarde pas à
engendrer des maladies pernicieuses. Aussi a-t-on
remarqué que, malgré la pureté du climat, l'armée d'Afrique est celle qui offre en général le
plus de malades et que ce n'est que depuis que
nos troupes ne sont plus assujéties à des travaux,
que l'état de santé y est devenu satisfaisant.

Les agriculteurs français, suisses et allemands
qu'on enverrait à Alger, ne tarderaient pas à y
être moissonnés par l'intempérie d'un climat qui
n'est pas en rapport avec leur constitution. Par
une loi de la nature, qu'on essayerait en vain
d'éluder, l'Arabe, le Maure et le nègre d'Afrique
sont seuls appelés à cultiver le sol d'Alger.

L'unique colonie à travail libre que la France
eût pu établir était celle du Canada. Ce pays fut
abandonné avant la révolution à l'Angleterre, qui
en a tiré le parti le plus brillant.

En résumé, au sujet d'Alger, la détermination
la plus sage est de gouverner le pays comme on
le faisait avant nous, et au lieu de faire appel à
tous les indigènes, les vagabonds et les intrigans

de l'Europe, de rappeler dans les campagnes les pasteurs et cultivateurs maures et arabes que nos exactions en ont chassés. Ces populations laborieuses et inoffensives, mais promptes à se soustraire à l'oppression, parce qu'elles ont un refuge assuré sur les revers et dans les vallées de l'Atlas, ne tarderont pas à dépouiller leur méfiance, si on les traite avec ménagement et surtout si elles trouvent dans l'armée d'occupation une protection efficace contre les incursions des tribus nomades. Nous avons si mal débuté en Afrique dans nos essais de civilisation que toute notre ambition doit se borner à imiter les Turcs et à marcher sur leurs traces. Faisons mieux qu'eux, si nous le pouvons, mais au moins ne faisons pas plus mal, car nous serions inexcusables. Et qu'on ne se récrie pas sur ce que nous disons, car déjà la comparaison de notre régime avec le leur est tellement à notre désavantage, qu'il serait fâcheux d'insister sur ce point.

La direction nouvelle des idées qu'on qualifie quelquefois de progrès des lumières, interdit absolumennt de songer à faire de cette magnifique contrée une colonie à esclaves dans le genre de Saint-Domingue, ni, comme on s'en était flatté, une colonie pareille à celle des établissemens anglais de l'Inde, bien qu'il faille employer à peu près les mêmes moyens administratifs pour la conserver. Le degré de civilisation qu'Alger avait atteint sous la domination turque, est donc le période de perfectionnement le plus élevé auquel il soit donné d'atteindre. Peut-être même faudra-t-il beaucoup de temps et de peine pour l'y faire remonter.

A l'exemple de M. de Rigny, et pour ne pas embarrasser le terrain d'élémens inutiles, nous avons laissé de côté, dans cette discussion, une objection capitale qui seule suffirait pour ruiner le systême de colonisation proposé par M. le ma-chal Clauzel. C'est qu'il n'existe dans toute la ré-gence d'Alger ni terres domaniales, ni terres va-cantes à distribuer. Cette assertion est soutenue avec beaucoup de force par M. le baron Pichon, dans son ouvrage sur Alger (1). Nous nous per-mettrons de puiser dans cet écrit de l'ancien In-tendant civil d'Alger les faits et les réflexions suivantes qui viennent à l'appui des idées que nous avons développées et qui pourront aider à les compléter. Nous nous bornons à transcrire.

Page 157. « La France ne serait pas ce qu'elle est, si nos ancêtres n'avaient pas su mieux que nous gouverner les pays acquis ou conquis. »

Page 302. « Le pays a des habitans meilleurs colons que ceux que l'on peut envoyer d'Europe et, ce qui est décisif, dont le travail se paye le cinquième du prix rémunératoire d'un colon chrétien. On avait avant notre arrivée en 1830,

_____

(1) *Alger sous la domination française*, par M. le baron Pichon, in-8°. Paris 1835.

un cabyle à la campagne pour trois ou quatre sols par jour. On l'a maintenant aux environs d'Alger pour dix sols, lorsqu'on s'éloigne, pour moitié. »

P. 3o5. « Les Arabes de la montagne ou de la plaine prenaient à loyer des Maures d'Alger des terres dans la Métidja. Le Maure leur faisait une avance de 2 à 3oo francs. Ils cultivaient et partageaient le produit dans des proportions convenues. »

P. 3i2. « L'Angleterre, dans l'Inde, abstraction faite des difficultés résultant du prix comparatif de la main d'œuvre européenne et indigène, non-seulement n'a pas voulu encourager dans ce vaste continent la colonisation, mais elle l'a même formellement interdite. »

P. 3i6. « Dans un systême d'occupation analogue à celui de l'Angleterre dans l'Inde, tout se simplifie. Un effectif de dix mille hommes de troupes européennes suffirait. »

P. 3i7. « Il n'y a point d'occupation permanente possible sans une conciliation avec les natifs.

» La formation de corps indigènes dont le commandement serait scrupuleusement réservé à des officiers européens, est facile. Déjà, malgré tout l'éloignement que notre conduite est faite pour inspirer, nous avons de l'infanterie et de la cavalerie indigènes, qui ont rendu les plus grands services et qui, même dans les affaires, mènent souvent les Arabes plus durement que nos soldats. La Régence d'Alger tenait tout avec 15,ooo.

hommes soldés dont il n'y avait guères plus de cinq à six mille Turcs. Les Turcs tenaient donc le pays avec des troupes indigènes. Nous pouvons utilement enrôler les Turcs qui restent, les nombreux Coulouglis (fils des Turcs et des femmes Maures), et les Maures. Ceux-ci doivent faire le fonds de notre force native (1). »

P. 321. « Il est aujourd'hui reconnu que nous ne pouvons, à moins de persister dans le système d'extermination, gouverner notre possession musulmane qu'en employant l'intermédiaire des musulmans. C'est ce que fait encore l'Angleterre dans l'Inde. M. le général Clauzel l'a promptement senti. »

P. 323. « Le pays doit nous présenter pour les magistratures locales (consistant dans les places d'aga, de kaïds ou gouverneurs de districts et de beys) des intermédiaires à choisir. Il y a eu de grandes familles arabes et maures dont le souvenir n'est pas éteint. Les Maures doivent être nos premiers et nos plus fidèles intermédiaires. Ce sont eux qui possèdent commercialement et intel-

(1) M. le baron Pichon va plus loin que nous. Non-seulement il voudrait faire cultiver Alger par les indigènes, mais il voudrait aussi le faire défendre en grande partie par eux. Ce dernier point avant d'être adopté mérite néanmoins un examen approfondi. Au surplus, l'idée de garder le pays par le pays même paraîtra moins extraordinaire si l'on réfléchit qu'à Alger le principal objet de la force armée est de protéger les cultivateurs contre les populations nomades, dont les incursions, si elles ne sont réprimées, empêchent de tirer le moindre parti du sol.

lectuellement toute l'Afrique. Ce sont eux qui ont desiré plus que les autres races le succès de nos armes. »

P. 324. « Parmi les Arabes, il y a aussi de bons instrumens à choisir.

» Bien différent est le Cabyle, descendant des Numides et des autres peuplades indigènes qui habitaient les royaumes rivaux de Bocchus et de Juba, du temps des Romains. C'est le petit propriétaire de la Barbarie. Il est aussi plus indomptable que l'Arabe, parce qu'il habite les lieux les plus difficiles. Il n'y a que peu ou point de parti à en tirer pour la confiance publique. Nulle part, l'amour du pays n'est plus exalté que dans cette race. »

P. 337. « Nos sujets nouveaux africains sont les gens les plus accessibles au sentiment de l'intérêt. Toutes les races en sont laborieuses et cherchent à améliorer leur existence par le produit de leur travail. Sous la domination des Turcs, ce produit passait en partie dans les mains de la Régence et de ses gouverneurs locaux, moins par les extorsions, comme on le croit communément, que par le monopole. La terre, dans la Barbarie, n'est point, comme on l'a cru à Paris et comme c'est le cas dans l'Inde, devenue la propriété du Gouvernement. Il lui en venait sans doute de temps à autre une partie par la confiscation, mais elle ne frappait guère que sur des Turcs et des gens puissans.

» La véritable oppression était donc dans le monopole. Le gouvernement algérien achetait seul, pour l'exportation, les produits des cultivateurs à un prix déterminé ; lui seul pouvait les exporter. Il payait la laine 10 boudjoux (20 fr.) le quintal, les autres denrées à proportion. » (1)

CHAPITRE IV.

DE L'AVENIR DES ANCIENNES COLONIES.

Si quelques personnes nous accusent d'avoir des vues trop étroites et de reculer devant quelques sacrifices d'hommes et d'argent pour faire d'Alger une possession vraiment française, cultivée et gouvernée par des Français , nous leur demanderons , en admettant que la chose soit possible, ce que nous ne pensons pas, si c'est bien le moment de fonder de nouvelles colonies, quand l'Angleterre et la France s'appliquent à désorganiser et frapper de stérilité les établissemens, qu'elles possèdent et dont l'acqui-

(1) Une expérience récente et décisive a prouvé la profonde aversion que les populations barbaresques ont pour les impôts en argent et les contributions en nature. Nous pensons donc que le Gouvernement doit se résigner à tirer ses revenus des mêmes sources d'où les Turcs tiraient les leurs, en y mettant du reste toute la modération et la justice qui doivent être l'attribut d'une civilisation plus avancée.

sition leur a coûté des sommes immenses, d'énormes travaux et de longues guerres.

Quand on se rend compte de l'enchaînement naturel des événemens, il est aisé de prévoir que la ruine des Antilles anglaises entraînerait celle des Antilles françaises. De-là à la chûte des comptoirs de l'Inde, il n'y aura pas loin, car, dès qu'un principe destructif est adopté, on en voit bientôt éclater les conséquences. Un peuple peut-il pousser l'aveuglement jusqu'à détruire volontairement les bases de sa grandeur? Tel est le spectacle qu'offre aujourd'hui la Grande-Bretagne. Quelqu'étonnement qu'on en ressente, on ne peut se dissimuler que le mouvement des esprits ne soit contraire aux établissemens coloniaux, qui chancèlent sous les coups dirigés contre eux par une aveugle philantrophie ; or, comme dans cette carrière de destruction, nous suivons les Anglais pas à pas, on nous permettra de présenter ici un examen rapide des nouveaux réglémens par lesquels ils s'apprêtent à abolir l'esclavage et à achever de renverser l'édifice colonial. Cette digression ne sera pas étrangère à notre sujet; elle persuadera ceux mêmes qui ne partageraient pas complettement nos opinions sur Alger, que, quand le peuple le plus éclairé de l'univers en matière d'administration et de commerce ; fait fausse route, la France doit se tenir sur la réserve, et, en vue d'un avenir menaçant, ne former que des établissemens provisoires, calculés sur des dimensions bornées. Les époques de destruction ne sont pas propres à édifier. C'est beaucoup alors de conserver.

CHAPITRE V.

DES RÉFORMES QUE LES ANGLAIS S'APPRÊTENT A INTRODUIRE DANS LEURS COLONIES.

Abstraction faite du principe qui l'a dicté, consistant dans la substitution du travail libre au travail forcé, le nouveau bill sur l'émancipation des esclaves soumis en ce moment à la discussion du parlement anglais, a le défaut grave de prêter singulièrement à l'arbitraire et à l'équivoque. S'il était mis à exécution avec franchise et ponctualité, il placerait les nègres dans une situation pire que celle à laquelle on veut les soustraire. Comme il a été conçu dans un but contraire, il est à croire qu'on l'appliquera de manière à lui faire porter les fruits qu'on en attend. L'idée fondamentale de ce bill est d'enlever au colon le quart du temps de son esclave; et de lui faire acheter ce temps par un salaire fixe équivalant annuellement au douzième de la valeur de l'esclave. Si ce dernier est laborieux, ce sera le fonds dont il se servira pour acquérir la liberté. Fractionnant mathématiquement ce qui est indivisible de sa nature, on donne au nègre un quart de liberté pour voir s'il est digne des trois autres quarts. On ne saurait procéder, comme on voit, d'une manière plus méthodique et plus régulière.

En vue d'indemniser le colon de la perte du quart de temps de son esclave, le Gouvernement anglais, comptant vraisemblablement sur la confiance illimitée des capitalistes, promet de garantir un emprunt de 15 millions sterlings (375 millions de francs) dont le produit sera réparti aux colons et qui aura pour fonds d'amortissement la portion du travail de l'esclave qui va être enlevée aux planteurs.

Ces derniers ne pourront plus infliger de châtimens ; cette faculté appartiendra seule au magistrat de la paroisse auxquels les maîtres iront porter leurs plaintes, quand ils le jugeront à-propos.

On a vu rarement de conception législative plus malheureuse et plus embrouillée que celle dont nous venons d'analyser les principales dispositions. Ou la loi sera exécutée de bonne foi et l'on donnera aux prescriptions obscures et incohérentes qu'elle présente l'interprétation la plus raisonnable, dans l'intérêt réciproque de l'esclave et du maître, alors, la condition du nègre, vu son esprit de désordre, de paresse et d'imprévoyance, deviendra plus pénible qu'elle ne l'a jamais été. Sa vie s'écoulera en châtimens perpétuels , car , à chaque instant, il tombera en faute , à chaque instant il faudra le punir.

Ou bien la loi sera exécutée dans un esprit de prédilection et de partialité pour les nègres , et alors la situation du planteur deviendra intolé-tolérable : la licence , l'insubordination , le marronnage, l'esprit de chicane et de discussion s'introduiront dans l'atelier , tout le temps des travaux s'écoulera à porter au magistrat des plaintes non écoutées et sur lesquelles ce dernier ne pourrait suffire à statuer, même quand il le voudrait , car, par une pente naturelle, le dé-sordre engendre le désordre.

Dans l'une ou l'autre alternative , l'esclave abusera du quart de liberté qu'on lui concède , soit pour se mal comporter envers son maître , soit pour se révolter, soit pour tomber dans les vices et les erreurs de conduite auxquels il n'est que trop enclin, à cause de la vivacité de ses passions, du défaut de lumières qui le caractérise et du peu de risques qu'il a à mal faire. En effet, en tout état de cause, sa nourriture et ses vêtemens sont assurés. C'est un avantage immense dont ne jouissent pas nos prolétaires d'Europe et dont la privation est pour ces derniers un mobile assez puissant pour les tenir, sous peine de mourir de faim, dans un état perpétuel d'activité et de dé-pendance.

Par suite du nouveau régime qu'on va établir, le travail n'ayant plus de stimulant , le prix de la main-d'œuvre aux colonies ne peut manquer d'augmenter beaucoup. Comment le planteur anglais soutiendra-t-il la concurrence des autres colonies à esclaves et la rivalité de l'Inde ? Quoi-qu'on fasse, quand le propriétaire perd à cultiver, quand il est abreuvé de dégoûts, il est impossible que la situation de ses subordonnés s'améliore.

Pour donner une idée du nouveau bill à ceux qui ne connaissent pas les colonies , nous dirons qu'il aura le même effet qu'une loi qui établirait que les ouvriers d'une manufacture seraient nourris, habillés et recevraient un salaire de dix sols par jour, sans que le maître eut le droit de les renvoyer ni de diminuer leur émolument , mais seulement avec la faculté de porter des plaintes au juge-de-paix en cas de mécontente-ment. Assurément il n'est pas de fabricant qui ne se regardât comme ruiné si on lui imposait de pareilles conditions, èt qui ne préférât mille fois renoncer à son état. Les colons n'ont pas la triste ressource de pouvoir vendre leurs possessions et de transporter ailleurs leurs capitaux et leur in-dustrie. Sous peine de tomber dans la misère et de partager le sort des anciens colons de St-Do-mingue, ils sont enchaînés à la glèbe qu'ils font travailler par leurs esclaves.

Le projet que nous examinons renferme des lacunes immenses. Il n'établit pas si c'est le quart de la semaine ou le quart de la journée dont on entend gratifier l'esclave. La chose cependant

valait la peine d'être décidée pour éviter des con-
testations interminables. Par une inattention dif-
ficile à concevoir, le législateur, dans son projet,
n'a pas tenu compte que la semaine étant de six
jours, déduction faite du dimanche, n'est pas
susceptible d'être partagée en quart. Le dernier
quart de la journée ne vaut pas le premier, et le
tems qu'un ouvrier perd à changer d'atelier
suffit le plus souvent pour rendre de nulle valeur
une fraction de journée. On a également oublié
de statuer qui soignerait l'esclave en cas de maladie, qui le nourrirait en cas d'infirmité, qui
prendrait soin de ses enfans proclamés libres au-
dessus de l'âge de six ans. Sera-ce dans tous les
cas le propriétaire proprement dit, ou bien sera-
ce l'individu qui aura loué le quart de la journée,
quand ce sera au service de ce dernier que l'esclave aura contracté, soit une maladie grave, soit
une infirmité qui le rendra incapable de travail
pour le reste de sa vie?

La plupart des colons, depuis l'abolition de la
traite, n'ont strictement que le nombre d'esclaves
suffisant pour la culture de leurs terres. En leur
enlevant subitement le quart des forces dont ils
disposent, on désorganisera complètement leur
exploitation, on placera le maître dans la dé-
pendance de ses serviteurs. car, à raison de la
diminution de la population noire, et par les
causes relatées ci-dessus, il ne s'établira pas
entre les ouvriers libres cette concurrence qui,

en Europe, permet aux chefs d'ateliers de maintenir les salaires à un prix très-modéré.

CHAPITRE VI.

DES NOUVELLES LOIS QUE NOUS AVONS FAITES POUR RÉGLER L'ÉTAT DES PERSONNES AUX COLONIES.

Si des réglemens qu'on prépare pour les colonies anglaises et qui offriront toujours un vice radical quelles que soient les modifications qu'on leur fasse subir, nous passons à ceux qui concernent les colonies françaises votés dans la dernière session (1), nous dirons que le grand défaut de la loi sur l'état des personnes, bien qu'atténué par les conditions puisées dans la propriété qu'on a mises à l'exercice des droits civiques, c'est que cette loi, tend en dépit de la nature, à supprimer, avec la classe des affranchis, les intermédiaires qui existaient entre le maître et l'esclave.

(1) Il serait facile de prouver que les droits civiques dont on vient de doter les colons sont purement imaginaires et se réduisent à présenter des vœux au Gouvernement et à établir quelques contributions locales. Les colons n'auront donc pas une plus grande portion de liberté réelle, de cette liberté qui consiste à n'être soumis qu'aux lois qu'on a volontairement consenties, soit par soi-même, soit par l'organe de ses représentans, ou tout au moins, qui suppose la faculté de repousser toute innovation au régime existant qui n'aurait pas été librement consentie par ceux qu'elle doit atteindre.

Dès lors le sort du dernier doit devenir plus rigoureux ou la situation du premier plus périlleuse. Dans les pays qui n'offrent nulle gradation sociale, entre celui qui commande et celui qu'obéit, les maîtres, pour être en sécurité, doivent être les plus nombreux. Toute machine où, entre deux principes d'action dont l'un est subordonné à l'autre, il n'y a point de corps intermédiaire qui adoucisse les contacts trop immédiats, les frottemens deviennent extrèmement rudes et occasionnent de violentes secousses. En général, le vice de la politique du jour, c'est de vouloir à tout prix supprimer les classes moyennes en les ôtant de leur place et les élevant au premier rang. Autant vaudrait en peinture supprimer les nuances et les demi-tons. On arriverait ainsi à un ensemble dépourvu de liaison, de gradation, de perspective et d'harmonie. Tout y serait choquant, heurté, rempli de disparates. Pour remédier à ce défaut d'hiérarchie qui augmente singulièrement les difficultés de l'administration, on se voit réduit à appeler partout la majorité au secours de l'autorité qui, autrefois entourée de respect, suffisait seule pour obtenir l'obéissance. A présent on ne parvient à maintenir la subordination sur les points où elle chancèle qu'en y portant une force matérielle supérieure à celle des perturbateurs qui ont à peu près dépouillé toute réserve. De tous les modes d'administrtion, c'est le plus dangereux, le plus coûteux, le plus compliqué, celui qui prête le moins à la réduction de l'armée, car il exige constamment l'emploi sinon effectif, du moins disponible de la force ouverte. C'est par ce moyen qu'en France on a triomphé des émeutes de Lyon et de Paris. C'est le moyen qu'ont employé les Anglais, il y a bientôt deux ans, à la Jamaïque, contre l'insubordination croissante des nègres, d'autant moins dignes de la liberté qu'on leur en accorde davantage. C'est le moyen qu'on a employé à la Martinique en pareille circonstance, et tout récemment à la Guadeloupe, pour résister aux prétentions exagérées de quelques hommes de couleur. La nouvelle législation n'est pas encore en vigueur, et déjà les colons demandent avec les plus vives instances que les garnisons militaires soient renforcées. Quant à nous, après avoir long-tems repoussé de nos vœux ce mode d'action, qui n'est en réalité que le régime militaire pour nos anciennes colonies, où il deviendra d'autant plus nécessaire qu'on ébranlera davantage le régime colonial, nous demandons qu'il soit exercé avec prudence et dans un but unique de conservation dans la nouvelle colonie, dont la possession est devenue un objet d'amour-propre national. En effet, grâce aux déclamations de l'opposition et aux explications arrachées aux ministres, on a attaché à Alger une importance exagérée qui a excité la jalousie et les appréhensions de l'Angle-

terre (1). Jamais ombrages ne furent moins
fondés en raison. En effet quel est l'homme de

(1) L'opposition est aussi impolitique et aussi aveugle dans
ses efforts pour semer la division entre nous et l'Angleterre au
sujet d'Alger, que dans ceux qu'elle fait pour nous rapprocher
de cette puissance, en réclamant sans relâche l'abaissement
des tarifs qui protègent notre industrie contre celle de nos re-
doutables voisins. Ses théories politiques, depuis les journées
des 5 et 6 juin, rencontrent partout des adversaires parce
qu'on en a déjà goûté les fruits. Il n'en est pas de même de ses
théories économiques et commerciales qui, couvertes d'un ver-
nis de popularité, trouvent des échos et des intelligences jusques chez nos ministres qui, par faiblesse ou faute d'attention,
consentent à pactiser avec elles, sans songer que si sa politique
conduit à l'anarchie, ses théories économiques mènent à la
misère et à la ruine de l'industrie. En de pareilles conjec-
tures, nous ne saurions trop nous tenir en garde contre les
cajoleries des Anglais qui travaillent, non sans espoir de succès,
à renouveler le funeste traité de commerce de 1786. Nous re-
transcrirons à ce sujet un article du *Globe*, feuille anglaise, qui
a été accueilli par les feuilles françaises avec une approbation
et une sympathie qui indiquent suffisamment que la plupart
de nos journalistes seraient portés à donner tête baissée dans
le piége :

« Les modifications apportées aux restrictions et aux prohi-
bitions de douanes, en ce qui concerne telle ou telle branche
d'industrie sont bien moins importantes que les progrès qu'ont
déjà faits et que continuent à faire les sympathies politiques.
On ne peut jeter les yeux sur les derniers journaux français
sans y remarquer l'extinction graduée des vieilles jalousies et
des vieilles haines, et l'influence toujours croissante des affec-
tions généreuses et amies. Les intentions libérales de l'Angleterre en ce qui concerne les intérêts commerciaux ont, il est
vrai, été long-temps méconnues, mais un peu de patience de la
part du peuple anglais et une attention soutenue de la part de
son Gouvernement ont enfin amené ce changement dont les
résultats doivent être si avantageux aux deux nations. Il n'est

bon sens qui, s'il avait à choisir, ne préférât bien vite à Alger la Jamaïque, par exemple, un des principaux établissemens que l'Angleterre va perdre par un funeste esprit de système ? A ce sujet, nous ne pouvons nous empêcher de remarquer quelle source de grandeur et de prospérité ce serait pour la France si, laissant la Grande-Bretagne détruire imprudemment ses colonies par le don funeste d'une liberté que le climat, les hommes ni les choses ne comportent pas, notre Gouvernement parvenait à sauver les nôtres des malheurs qui les menacent, et à les tenir exemptes d'agitations et de troubles. La politique la plus vulgaire, les précautions les plus simples suffiraient, car, pour les conserver, c'est assez de ne pas vouloir les perdre. Voilà des trésors plus sûrs que ceux que nous promettent les plages inhospitalières d'Alger. Ces trésors, nous les tenons, nous en jouissons, personne ne nous les conteste, il ne dépend que de nous de ne pas les laisser échapper de nos mains.

D'après les évaluations ministérielles consignées

pas facile de renverser un monopole et de forcer des intérêts particuliers à céder la place aux intérêts plus grands de l'humanité ; mais quand un premier pas est fait, il devient plus facile de faire tous les autres, et les changemens que les ministres français ont apporté aux tarifs ont été si favorablement accueillis par la presse et le public qu'il nous annoncent des changemens plus importans encore. » (*Globe and Traveller* du 8 juillet, cité dans le *Journal des Débats* du 11 juillet 1833.)

au *Moniteur*, à l'occasion de la loi sur le tarif du sucre du 26 avril 1833, qui, en tolérant d'une manière déguisée l'introduction d'une certaine quantité de sucre étranger, menace de porter un coup fatal à nos colonies, ces dernières produisent annuellement 80 millions de kilogrammes de sucre qui, à raison de 49 fr. 50 cent. par quintal métrique, peuvent procurer 40 millions de droits. A raison de 4 pour cent, ce revenu représente pour l'état un capital purement contributif d'un milliard dont nous sommes redevables à nos possessions d'outre-mer. Si nos colonies étaient détruites, il faudrait pour donner lieu à une pareille perception, acheter en denrées une valeur d'au moins 60 millions de francs à l'étranger. En vain alléguera-t-on qu'il peut nous les fournir à un grand rabais. Il est aisé de prévoir que l'énormité de cette demande, l'impossibilité de se pourvoir ailleurs, et le vide de production résultant de l'abandon de nos établissemens feraient bientôt hausser le sucre à un taux supérieur au prix toujours décroissant que nous le payons à nos colons et qui est déjà si modéré que la culture leur devient souvent onéreuse. Ce n'est pas tout. Ces denrées que nous acheterions au-dehors et dont le transport occupe notre navigation qui dès-lors, sitôt que les côtes de France seraient perdues de vue, ne trouverait plus chez nous même ni aliment, ni escale, ni point de refuge, il faudrait en grande partie les payer argent comptant. A présent, par un commerce interlope, le plus lucratif de tous selon Adam Smith, nous nous les achetons à nous-mêmes avec les produits de notre industrie. La classe aisée et opulente qui consomme 60 millions de kilogrammes de sucre est obligée pour se les procurer d'acheter au préalable pour 5o millions de marchandises de nos fabriques ou de produits de notre sol et de les envoyer aux colonies en payant tous les intermédiaires nécessaires à ce vaste échange. Si nous n'avions pas de colonies, cette masse de numéraire ou du moins une grande partie serait exportée directement. Le numéraire sortirait donc. Le travail serait donc diminué et avec lui la richesse, car les classes inférieures ne vivent que de travail et dès que ce dernier s'arrête, il en résulte un état de souffrance et d'appauvrissement général qui se fait sentir par contre-coup aux personnes les plus riches. Si l'on prétendait que l'étranger, au lieu de recevoir notre numéraire ou après l'avoir reçu, achèterait une somme égale de nos produits, ce qui nous placerait dans la même position où nous sommes, sans améliorer notre sort, il faudrait prouver que notre agriculture et notre industrie produisent à meilleur marché que celles des autres peuples, ce qui, sauf ce qui a rapport au vin et à la soie, objets de luxe et conséquemment d'une faible consommation, est en opposition avec la vérité. Une considération essentielle a échappé aux promoteurs du commerce étranger qui ont nécessairement l'arrière-pensée de contraindre par l'abaissement des droits protecteurs notre agriculture et notre industrie ou à chômer ou à produire à aussi bas prix que les peuples qui produisent à meilleur marché, c'est que si, par impossible, les étrangers avaient besoin d'une quantité de nos marchandises aussi grande que celle qu'on propose de tirer de chez eux, ces derniers ne consentiraient pas assurément à abandonner à notre marine le monopole du transport. Ils voudraient au moins le partager et venir eux-mêmes acheter en France une partie des choses dont ils ont besoin. Il en résulterait une réduction considérable de notre marine marchande, beaucoup moins économique d'ailleurs que celle de la plupart des autres peuples, circonstance qui n'est pas de nature à lui concilier la préférence dans un système où l'égalité absolue et une entière liberté seraient l'unique base de nos relations avec toutes les nations de l'univers.

Nous sera-t-il permis d'observer en finissant que les colons sont en butte à une suite non-interrompue d'imputations injustes et de déceptions qui les placent dans une position extrêmement pénible. On les accuse de s'enrichir et leur détresse est si évidente, leurs créanciers si nombreux qu'on n'ose leur faire le moindre crédit. Il y a à peine quelque mois, quand le Gouvernement payait annuellement près de 20 millions de

prime à l'exportation du sucre, on prétendait que
ce sacrifice avait uniquement pour but de favoriser nos colonies. Depuis que la prime se trouve
de fait abolie momentanément par une des com-
binaisons de la loi nouvelle, on a reconnu que
la majeure partie des exportations étaient imaginaires et qu'un certain nombre de négocians et
de raffineurs de Paris et de Marseille percevaient
frauduleusement une portion considérable des
sommes destinées à ce genre d'encouragement.
Puisse cette découverte tardive ouvrir enfin les
yeux de l'administration des douanes et exciter
sa surveillance ! On accuse les colons tantôt de ne
produire qu'une quantité de sucre insuffisante
qu'ils font payer fort cher, bien que depuis 1814
jusqu'à ce jour, les prix aient baissé de 84 fr. à
67 fr. les 50 kilogrammes ; tantôt de produire
plus de sucre qu'il n'en faut pour les besoins de
la France. Enfin la partialité a été poussée jusqu'à leur reprocher de fumer leurs terres et de
nous embarrasser de leurs récoltes dont l'aug-
mentation était, disait-on, stimulée outre mesure
par l'effet des primes. Ce fut même dans le but de
délivrer l'état de cette rénumération toujours
croissante, que la nouvelle loi des douanes fut
conçue, au risque d'entraîner la ruine des colons
regardée alors comme certaine. En vue de leur
offrir une sorte de consolation, l'exposé des motifs du projet de loi leur promettait de leur conserver l'avantage de pourvoir à la consomma-

tion intérieure de la France, sous la limite réservée en vertu de la législation encore en vigueur. Eh bien! la loi même qui suivait l'exposé des motifs et qui a été adoptée sous ce rapport, sans modification, a établi que chaque quintal de sucre étranger raffiné en France serait censé réexporté quand 70 livres de sucre mélis auraient été envoyées au-dehors. Il suit de là que chaque opération de ce genre entraînera l'introduction en *franchise de droits* de 25 livres de matières sucrées, qui rivaliseront avec nos produits. Toutes les réclamations faites au Gouvernement et aux Chambres pour obtenir que le *draw-back* en remboursement des droits ne fut accordé que moyennant la quantité réelle de produits que pouvait rendre une quantité correspondante de sucre brut étranger, ont été inutiles. Les colons ont résisté aisément jusqu'ici à la suppression des primes dont la plus faible partie (celle qui se rapportait aux exportations réelles) tournait seulement à leur profit. Leur récolte d'ailleurs n'a pas été abondante, ce qui en a soutenu le prix et l'a empêché de descendre aussi bas qu'ils le craignaient. Résisteront-ils avec le même avantage à l'introduction du sucre qu'on s'apprête à aller chercher en vertu de la nouvelle loi et qui arrivera en France le printemps prochain? cela paraît presque impossible. Quand voudra-t-on être juste à leur égard et ne pas les sacrifier aussi manifestement à l'étranger?

3*

Bien des gens s'imaginent que la France peut avoir du sucre sans colonies, des colonies à sucre sans esclaves, des nègres laborieux et libres pour fidèles sujets, une brillante industrie sans droits prohibitifs, une marine puissante et un commerce lucratif sans colonies, et qu'au besoin on peut facilement en avoir de libres qui présenteront sans inconvéniens et sans frais tous les profits de celles où le travail est forcé. Cet écrit est destiné à combattre ces erreurs qui tendraient à faire croire que sans protection, sans gênes, sans sacrifices, sans douanes, en abandonnant à elles-mêmes les volontés les plus contradictoires, en *laissant* faire et *laissant passer*, on parviendrait à se procurer les richesses commerciales que s'envient et se disputent tous les peuples avec une avidité insatiable. Si ces biens-là s'acquéraient et se conservaient si facilement, on ne se serait pas donné jusqu'ici tant de peine pour les obtenir.

Avant de les abandonner pour courir après des chimères, il faut donc y regarder à deux fois.

FIN.

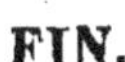

TABLE DES MATIÈRES.